問題天天多系列

為什麼我要分享？

凱·巴納姆　著　　帕特里克·科里根　繪

U0106173

新雅文化事業有限公司
www.sunya.com.hk

問題天天多系列

為什麼我要分享？

作　　者：凱‧巴納姆 (Kay Barnham)
繪　　圖：帕特里克‧科里根 (Patrick Corrigan)
翻　　譯：張碧嘉
責任編輯：楊明慧
美術設計：蔡學彰
出　　版：新雅文化事業有限公司
　　　　　香港英皇道499號北角工業大廈18樓
　　　　　電話：(852) 2138 7998
　　　　　傳真：(852) 2597 4003
　　　　　網址：http://www.sunya.com.hk
　　　　　電郵：marketing@sunya.com.hk
發　　行：香港聯合書刊物流有限公司
　　　　　香港荃灣德士古道220-248號荃灣工業中心16樓
　　　　　電話：(852) 2150 2100
　　　　　傳真：(852) 2407 3062
　　　　　電郵：info@suplogistics.com.hk
印　　刷：中華商務彩色印刷有限公司
　　　　　香港新界大埔汀麗路36號
版　　次：二〇二一年十月初版

ISBN: 978-962-08-7848-0
Originally published in the English language as
"Why do I have to…Share?"
Franklin Watts
First published in Great Britain in 2021 by
The Watts Publishing Group
Copyright © The Watts Publishing Group 2021
Traditional Chinese Edition © 2021 Sun Ya Publications (HK) Ltd
18/F, North Point Industrial Building, 499 King's Road, Hong Kong
Published in Hong Kong, China
Printed in China

目錄

為什麼我要這樣做？

人人都有各自不想做的事情。

我不想吃水果！

我不想刷牙！

我不想去倒
垃圾⋯⋯

4

那麼我們為什麼要做這些事情？

通常背後都有一個極好的原因，例如：

- 吃水果能令我們身體健康。
- 如果不刷牙，便會開始蛀牙。
- 如果不倒垃圾，垃圾便會溢出垃圾箱。（而且還會發出異味！）

這本書關於怎樣與別人分享，以及分享的重要性。

當你讀到最後一頁，你就能告訴大家為什**麼分享**這樣棒！

我想吃掉所有糖果！

今天，華安去探望祖母，祖母送了一大包糖果給他，華安非常開心。

爸爸說：「哇！很多糖果。你一個人吃不下所有糖果吧。給我吃一些，好嗎？」

華安搖搖頭。他不想跟任何人分享他的糖果。

「我想要一顆糖，可以嗎？」
他的姊姊漢娜問。

華安用力地搖搖頭。「這些糖果全部
都是我的！」他邊說邊走上樓梯。

試想想⋯⋯
你認為華安應該跟其
他人分享糖果嗎？

試想想⋯⋯
如果那些糖果是你的，
你願意跟別人分享嗎？

祖母送給華安的糖果真的很好吃。華安吃完一顆……又再吃一顆。

他想要停下來，但糖果實在太美味了。不一會兒，他已經吃了半包糖果。

「吃晚飯了！」媽媽説。

「噢，不好了。」華安説。他突然感到身體有點不適。

華安走到飯桌前坐下，漢娜察覺到他有點不妥，便問：「你怎麼了？你好像有點不舒服。」

「早知道就跟大家分享糖果。」華安按着肚子説，「你現在想要一顆嗎？」

「我們一起分享所有糖果吧……」媽媽提議説，「不過要在晚飯後……」

你知道嗎？
· 分享食物是一個友善的舉動。
· 如果你在正餐之間吃太多零食，你便會沒胃口吃正餐，吃不下那些令你身體健康強壯的食物。

9

那是我的拼圖！

舒雅收到一份生日禮物，是一盒拼圖。她馬上拆開盒子，開始玩拼圖。

「我們一起玩拼圖好嗎？」她的弟弟華路問。

舒雅一臉詫異。「當然不可以！」她說，「這盒拼圖是我的！」

華路聳聳肩說：「好的。」於是他去了畫圖畫。

舒雅把盒子上下翻轉，倒出拼圖塊，然後仔細觀察拼圖塊的形狀和顏色。

「我自己一個人拼砌應該會很快完成！」她説。

但過了很久、很久之後，舒雅只拼好三塊拼圖塊。「這盒拼圖太難了！」她哭着説。

試想想……
如果你是舒雅，你會怎樣做？

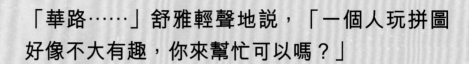

「華路……」舒雅輕聲地說，「一個人玩拼圖好像不大有趣，你來幫忙可以嗎？」

華路從椅子上跳了起來。「好極了！」他歡呼，「我以為你不會叫我一起玩呢！」

結果，舒雅和華路成了一個不錯的組合。華路擅長拼出拼圖的四邊，然後他和姊姊一起完成拼圖中間的部分。

「大功告成！」他們齊聲説。

你知道嗎？

· 不同的人有不同的技能。與別人合作，就能事半功倍。

· 有時獨自做事會較好；有時與人合作會更有趣。

但我想玩自己的滑板車！

占森在公園裏玩滑板車。這部滑板車是他的生日禮物，滑行速度很快。他愛極了！

「嗨！讓我玩一會兒滑板車可以嗎？」一個聲音響起，原來是占森的同學哈里。

占森玩得很開心，不想把車子借給別人。他說：「嗯……你為什麼不玩自己的滑板車？」

「我沒有滑板車。」哈里傷心地說。

「那你有單車嗎？」占森問。

哈里搖搖頭，說：「爸爸買不起單車給我。」

試想想……
如果你是占森，你有什麼感受？你會怎樣做？

哈里慢慢地走開了。

占森看着自己的滑板車，又看看哈里。他以為
人人都有滑板車或單車可玩。

「哈里！」占森大聲喊道。

哈里轉過頭來。

「今天我騎滑板車到公園，之後會騎滑板車回家。現在可讓你玩一會兒！」占森説。

哈里説：「啊！太好了，謝謝！」

占森對着哈里微笑。現在，他感到很快樂！

你知道嗎？

- 如果朋友擁有的物品不及你那麼多，跟他分享是件好事。
- 與別人分享物品，會令你感到快樂。

那本書是我的！

樂怡正在看一本內容很緊張刺激的書，她一看就停不下來。

「邪惡的壞蛋薩杜斯坐着火箭逃走，他的火箭是用循環再用的塑膠瓶造的！」她對最好的朋友珍美說。

「噓！」珍美說，「你看完這本書後，可以借給我嗎？我也想看。」

樂怡有點猶豫。她很喜歡書，會把書保存得很整潔。她不喜歡跟任何人分享自己的書。

樂怡沒有回話。

第二天，樂怡看完了那本書。她説：
「真的精彩極了。」

「給我看看，可以嗎？」珍美問。

試想想……
如果你是樂怡，你會
把書借給珍美嗎？

樂怡深吸一口氣。

「你會小心保存這本書嗎？」她問，
「你真的不會把書弄得皺皺的？」

「我會盡量小心。」
珍美説。

珍美交還給樂怡的書並不是完好無缺
的。封面有一個小小的摺痕，但樂怡
很快便忘記這回事了。樂怡知道現在
她們兩人都看過這本書，就可以一起
討論故事內容了。

「如果你喜歡那本書……」珍美跟樂怡說，「我這本也很精彩的。你想看看嗎？」

「好啊！」樂怡回答。

你知道嗎？

· 與別人分享物品，有時也等於分享經驗。

· 如果你跟別人分享物品，他們也可能會跟你分享物品。

我現在不想分享！

佐治生日時收到一個夏威夷小結他，他很喜歡這份禮物。他已經會彈奏四個基礎的和弦了。

星期六早上，佐治正在練習一首新曲子。這時，他的表弟艾齊到他家裏玩耍。

艾齊說：「嘩！是小結他呢！借我玩玩吧！」

「這個叫夏威夷小結他。」佐治說，「我還在彈呢。」

「凱蒂阿姨！」艾齊大聲說，「佐治不讓我玩他的小結他！」

試想想……
你認為凱蒂阿姨會
怎樣做？

凱蒂阿姨説：「艾齊，佐治正在彈夏威夷小結他。不如你來打鼓吧？」

「但是我也想彈夏威夷小結他！」艾齊哭着説。

「他彈完後，就輪到你了。」凱蒂阿姨肯定地説。

艾齊歎了口氣。他輕敲着鼓，
咚、咚。然後再用力地敲打，
咚、咚、轟！

「你想試試打鼓嗎？」艾齊
問表哥。

整個下午，佐治跟艾齊就這樣輪
流玩着這兩種樂器。

艾齊說：「夏威夷小結他真好玩，
但鼓更好玩呢！」

你知道嗎？

· 輪流是一個公平的方
法，確保大家都有機會
玩不同的東西。

· 有耐性是不容易的，但
通常等待都是值得的。

她是我的朋友！

美嘉和莉莎是最好的朋友，她們在課室裏坐在一起，也經常一起玩耍。

有一天，班上來了一位新同學佩嘉。老師請莉莎幫忙照顧佩嘉，並帶她認識校園。

在莉莎的幫助下，佩嘉很快便熟習校園生活。她們在小息時更會一起玩耍呢！

美嘉為此感到很憤怒。「莉莎是我最好的朋友！」她告訴佩嘉，「她應該跟我玩的！」

試想想⋯⋯
你認為莉莎應該跟誰玩？

27

莉莎説：「其實，我想跟你們兩人一起玩啊。」

美嘉和佩嘉看看莉莎，又看看對方。「怎樣一起玩？」她們問。

放學後，她們一起去莉莎的家，莉莎有一條很長的繩子。

「跳大繩遊戲兩個人玩不來呢。」莉莎笑着説，「要三個人才行！」

她們玩了很久，三人都成為朋友了。

你知道嗎？

- 跟別人分享朋友，每個人都會因此而多了朋友。
- 結交新朋友，會有更多新的體驗。

分享小貼士

什麼是分享？

- 分享的意思是讓更多人都能享用到一些東西。

- 輪流是一個分享物品的好方法。

- 大家分工合作，通常都會令事情變得更容易。

- 分享經驗是指你有很多值得談論和回憶的事情。

- 請記着你不一定需要經常分享。如果不想分享的話，要有禮貌地表達。

為何分享那麼重要？

- 不是每個人都那麼幸運，能擁有跟你相同的物品。

- 分享是讓別人知道你在乎他。

- 分享可以讓你感到快樂和滿足。

- 分享可以讓更多人有機會嘗試新事物。

- 分享是一個友善而公平的舉動。

更多資訊

延伸閱讀

《正向教育故事系列：大象波波，請一起分享》
作者：蘇．格雷夫斯
（新雅文化事業有限公司，2020 年出版）

《寶寶快樂成長系列：我愛分享》
作者：佩尼．塔索尼
（新雅文化事業有限公司，2020 年出版）

《品德學習系列：學會分享的小松鼠》
作者：葛翠琳
（新雅文化事業有限公司，2019 年出版）

相關網頁

香港教育城：如何教導孩子「與人分享」
https://www.hkedcity.net/parent/development/moral/
page_5e998ee4316e83dd603c9869

Oh! 爸媽：讓子女學習分享與感恩
https://www.ohpama.com/599331

詞彙表

刺激（thrilling）
令人興奮緊張。

循環再用（recycled）
將廢物變成可以再次使用的東西。

經驗（experience）
值得記住的事情。

夏威夷小結他（ukulele）
一種有四條弦線的小樂器。

和弦（chord）
同時彈奏出來的音符組合。

耐性（patient）
靜心等待要做的事情，不會緊張不安。